TOUT ADOS

Ado carrières

Art Coulbeck

gagelearning

En route !

- Qu'est-ce que ces images ont en commun ?
- Combien de ces carrières peux-tu nommer ?
- Explique brièvement ce que chaque personne fait.

Leçon 1

Un monde

de carrières

Dans cette unité…

Tu vas explorer le monde du travail. Tu vas examiner les aptitudes nécessaires pour certaines carrières et tu vas aider quelqu'un à choisir une nouvelle carrière.

Communication orale
Tu vas…
- parler de tes intérêts et de tes aptitudes ;
- parler de diverses carrières ;
- écouter des conversations ;
- jouer des rôles ;
- aider quelqu'un à trouver une nouvelle carrière.

Lecture
Tu vas…
- lire des tests de personnalité ;
- lire des descriptions de carrières ;
- lire des études de cas.

Écriture
Tu vas…
- écrire une description personnelle ;
- écrire des listes ;
- écrire une étude de cas.

La tâche finale :
- écrire un rapport au sujet d'une nouvelle carrière ;
- participer à une discussion sur les carrières.

Leçon 2
Quels sont tes points forts ?

En route !

- As-tu déjà répondu à un questionnaire sur les aptitudes ?
- Qu'est-ce qu'on peut apprendre quand on passe un test d'aptitude ?

Je suis capable !

	Absolument !	Un peu	Pas moi !
1. J'apprends et je comprends rapidement.	○	○	○
2. Je peux utiliser le clavier d'un ordinateur.	○	○	○
3. Je lis et je comprends les documents écrits.	○	○	○
4. J'utilise mes mains pour manipuler les objets.	○	○	○
5. Je trouve les solutions aux problèmes d'arithmétique.	○	○	○
6. Quand je regarde deux images similaires, je peux voir les petites différences.	○	○	○
7. Je comprends les problèmes et je trouve des solutions.	○	○	○
8. Je comprends facilement les nouveaux mots et j'incorpore les nouveaux mots dans mon vocabulaire.	○	○	
9. Je réussis bien à l'école.	○	○	
10. Je répare les petits objets.	○		
11. Je peux démonter et remonter correctement des objets.			
12. J'écoute et je comprends des directives ou des idées.			
13. J'exprime clairement et facilement des idées ou de l'information.			

Moi et les autres

	Absolument !	Un peu	Pas moi !
1. J'aime guider les autres personnes pour régler des problèmes.	○	○	○
2. J'aime échanger des idées, de l'information et des opinions avec les autres personnes pour arriver à des conclusions.	○	○	○
3. J'aime donner des instructions et faire des démonstrations.	○	○	○
4. Dans un groupe, j'aime distribuer et superviser le travail.	○	○	○
5. J'aime participer à des spectacles.	○	○	○
6. J'aime influencer les gens.	○	○	○
7. J'aime parler aux autres personnes.	○	○	○
8. J'aime aider les gens qui ont des difficultés à faire un travail.	○	○	○
9. Je préfère travailler seul(e) pour trouver la solution à un problème.	○		○
10. Dans un groupe, je ne veux pas être le chef.	○		○

Leçon 3
Les fiches-

En route !
- Qu'est-ce que tu sais déjà au sujet des deux carrières illustrées ?
- Connais-tu quelqu'un qui fait ce travail ?
- En groupe, écrivez deux avantages et deux désavantages de chaque travail.

Physiothérapeute

Les physiothérapeutes planifient et offrent des programmes d'exercice physique pour aider des patients. Ils doivent aussi évaluer les capacités physiques des patients, évaluer leurs progrès et consulter des médecins relativement aux besoins, aux problèmes et aux progrès des patients. Les physiothérapeutes offrent des services de consultation et d'éducation.

Les physiothérapeutes travaillent dans les hôpitaux et les cliniques, chez des organismes sportifs et industriels, et dans des cabinets privés.

Personnalité et aptitudes
Les physiothérapeutes doivent être capables de communiquer avec les autres. La communication avec la famille du patient est aussi nécessaire.

Préparation
Un diplôme universitaire en physiothérapie est nécessaire. On doit aussi suivre un stage pratique supervisé. Un examen national de physiothérapie peut aussi être nécessaire.

Salaire
Les salaires des physiothérapeutes sont entre 40 000 $ et 60 000 $ par année. Un ou une physiothérapeute qui a sa propre clinique peut gagner jusqu'à 100 000 $ par année.

Répartition par sexe
Dans ce domaine, environ 80 % des travailleurs sont des femmes.

Perspectives d'avenir
Les perspectives d'emploi sont bonnes. Avec une population au Canada qui devient plus grande, mais aussi plus vieille, on va avoir besoin de physiothérapeutes.

Désavantages
Les physiothérapeutes doivent passer beaucoup de temps sur leurs pieds. Ils doivent travailler avec de l'équipement lourd et aussi aider des patients à se lever et à marcher.

carrières

Chef de cuisine

Les chefs préparent les aliments pour les repas. Ils enseignent aux cuisiniers à préparer et à présenter les aliments. Ils préparent les menus et commandent les aliments. Le premier chef ou la première chef est responsable aussi pour surveiller les portions et les coûts. Il ou elle recrute également le personnel. Le ou la sous-chef supervise les chefs et les cuisiniers, explique le nouvel équipement et les nouvelles techniques, prépare des repas et des menus.

Personnalité et aptitudes

Le chef doit travailler en équipe. Il doit aussi superviser et éduquer les autres membres de l'équipe. Il doit, de plus, être capable d'estimer des coûts et des quantités.

Préparation

Typiquement, on demande un diplôme d'études secondaires et un certificat de qualification de cuisinier. Pour avancer (comme chef ou sous-chef), plusieurs années d'expérience sont nécessaires. D'habitude, un premier chef doit avoir aussi de l'expérience en supervision et des cours en commerce.

Salaire

Les salaires sont entre 24 000 $ et 30 000 $ par année. Il est possible de gagner plus que cela, parce que beaucoup de chefs travaillent à temps partiel.

Répartition par sexe

Dans ce métier, environ 85 % des travailleurs sont des hommes.

Perspectives d'avenir

Les perspectives d'emploi sont bonnes. De nouveaux restaurants ouvrent leurs portes constamment.

Désavantages

Les chefs passent beaucoup de temps sur leurs pieds en compagnie de beaucoup d'autres personnes dans un petit espace. Les heures peuvent être longues. Il y a toujours le risque des accidents dans la cuisine.

En route !

- Pourquoi est-ce que quelqu'un veut changer de carrière ? En groupe, faites une liste de raisons possibles.
- Toujours en groupe, évaluez les raisons données par la classe. Commencez par la plus importante.

Leçon 4

Je veux changer

Chantal et Nico ne sont plus contents de leurs carrières. Ils viennent parler au conseiller, M. Arcand.

de carrière !

- Que pensez-vous des suggestions de M. Arcand ?
- Avez-vous d'autres suggestions pour ces deux personnes ?

Étude de la langue

Leçon 5

Les adverbes formés à partir des adjectifs

- Un adverbe modifie ou précise le sens d'un verbe ou d'une phrase.

    Typiquement, on demande un diplôme d'études secondaires.

    J'apprends et je comprends **rapidement**.

- L'adverbe *typiquement* modifie la phrase entière ; l'adverbe *rapidement* modifie les verbes *apprends* et *comprends*.

- D'habitude, on utilise un adverbe pour décrire **la manière** de faire quelque chose.

    Je peux exprimer **clairement** et **facilement** des idées ou de l'information.

    <u>Comment</u> est-ce que je peux exprimer des idées ou de l'information ? **Clairement** et **facilement**.

- Les adverbes ont seulement une forme.
- Règle générale, pour former un adverbe, normalement on ajoute *-ment* au féminin de l'adjectif.

    J'exprime **clairement** des idées ou de l'information.

Adjectif masculin	Adjectif féminin	Adverbe
heureux	heureuse	heureusement
facile	facile	facilement
clair	claire	clairement

- Si l'adjectif se termine par une **voyelle**, on ajoute *-ment* à la forme **masculine**.

    Vraiment, je trouve cette carrière intéressante.

    Oui, je suis **absolument** certain de cela.

- Il y a une exception importante quand les adjectifs se terminent en *-ant* ou en *-ent*. Pour former l'adverbe, on remplace ces lettres par *-amment* ou *-emment*.

    On ouvre de nouveaux restaurants **constamment**. (adjectif : **constant**)

    Fréquemment, un chef ouvre son propre restaurant. (adjectif : **fréquent**)

- L'adverbe associé à l'adjectif ***bon*** est ***bien***.

    Je réussis **bien** à l'école.

Les verbes suivis d'un infinitif

- Certains verbes sont souvent suivis d'un infinitif. Le premier verbe s'accorde avec le sujet. Le deuxième verbe est à l'infinitif.
- À la forme négative, on place « ne » et « pas » autour du premier verbe.

Ces verbes peuvent indiquer :
- une **préférence** : J'**aime parler** aux autres personnes.
- une **nécessité** : Les physiothérapeutes **doivent avoir** un diplôme universitaire.
- une **capacité** : Je **peux utiliser** le clavier d'un ordinateur.
- un **désir** ou une **intention** : Il ne **veut** pas **continuer** à faire de la musique.

Au travail !

- Que peux-tu faire ? Que veux-tu faire ? Choisis une fiche-carrière. Lis soigneusement la description de la carrière et les autres informations.

- Imagine que tu consultes un conseiller et il recommande cette carrière.

- Écris un paragraphe pour indiquer tes réactions à sa suggestion. Utilise deux adverbes. Utilise aussi les verbes *aimer*, *devoir*, *pouvoir* et *vouloir*, suivis d'un infinitif.

Leçon 6

Les centres

En route !

- Regarde les centres d'apprentissage sur ces pages. Qu'est-ce qu'ils ont en commun ? Comment sont-ils différents, les uns des autres ?
- Comment préfères-tu apprendre quelque chose de nouveau : écrire des notes, résoudre un problème, dramatiser, créer une affiche ou une image, participer à un jeu, participer à une discussion, chanter une chanson ?

Lisons et écrivons !

Analysons !

Chantons !

d'apprentissage

Créons une affiche !

Jouons !

Faisons du théâtre !

En route !

- Qui visite une école quand il y a une Journée Carrière ?
- Pourquoi y a-t-il des Journées Carrières aux écoles ?
- As-tu déjà assisté à une Journée Carrière ? Qu'est-ce que tu y as fait ?

Leçon 7

Journée Carrière

La semaine passée, l'école Val-André a présenté une Journée Carrière. Les élèves ont eu l'occasion de visiter les expositions de carrières différentes et aussi de parler avec des gens qui travaillent déjà dans ces carrières. Mme Beauséjour, présidente de la Chambre de Commerce municipale, a parlé aux élèves à une assemblée générale de l'école.

LA VOIX DE L'ÉCOLE VAL-ANDRÉ

V-A

La semaine dernière, l'école Val-André a ouvert ses portes à une vingtaine d'entreprises locales et aussi à plusieurs services communautaires. Tous ces invités sont venus à notre école pour notre première Journée Carrière.

Les élèves ont circulé toute la matinée dans le gymnase et ils ont posé des questions aux invités. Ils ont beaucoup appris au sujet des carrières disponibles dans notre communauté. Plus important encore, les élèves ont eu l'occasion d'apprendre qu'il y a beaucoup de travail bénévole qu'ils peuvent faire dans la communauté.

Mme Lucille Beauséjour, présidente de la Chambre de Commerce de Val-André, a parlé aux élèves à une assemblée générale de l'école. Elle a transmis un message très simple aux élèves, notamment qu'ils doivent continuer à apprendre toute la vie. Le monde change constamment et rapidement et les jeunes doivent apprendre à s'adapter à ces changements.

En réponse à la question « Quelles sont les qualités que les employeurs recherchent ? », Mme Beauséjour a répondu qu'il y en a beaucoup, mais elle a d'abord parlé de la communication. Des langues… on en a besoin ! De nos jours, les employeurs recherchent des employés qui peuvent comprendre et parler les langues utilisées dans le monde entier. Lire et écrire ces langues est aussi important. Et, bien sûr, il est essentiel de parler, lire et écrire le français et l'anglais au Canada !

Les employés doivent aussi travailler en membre d'équipe. Il faut planifier et prendre des décisions ensemble. On doit respecter les idées et les opinions des autres dans le groupe. Mme Beauséjour a remarqué que les écoles préparent leurs élèves très bien pour le travail en groupe.

Des problèmes… on en rencontre tout le temps. Les employeurs recherchent des employés qui peuvent résoudre ces problèmes. D'après Mme Beauséjour, ça veut dire que les élèves doivent comprendre et utiliser les mathématiques et toutes les nouvelles technologies. On doit apprendre à penser logiquement.

Finalement, Mme Beauséjour a dit aux élèves que, probablement, ils vont avoir plusieurs carrières avant de trouver une carrière définitive. Chaque travail qu'on fait est une occasion d'apprendre et l'éducation est la clé du succès.

Après un repas dans la cafétéria des professeurs, chaque invité a reçu, comme souvenir de la journée, une copie de l'annuaire de l'école. Les élèves sont retournés à leurs classes dans l'après-midi.

La société protectrice des animaux de Val-André

Nous avons besoin de vous !

Les services communautaires sont représentés à la Journée Carrière aussi. On parle de l'importance du travail bénévole.

■ Écoute les élèves parler au porte-parole de la Société protectrice des animaux.

Étude de la langue

Leçon 8

Le pronom *en*

- Le pronom *en* est utilisé pour remplacer un groupe de mots qui commence par *de*, *du*, *de la*, *de l'* ou *des*.

    Des langues… on **en** a besoin !
    Des problèmes… on **en** rencontre tout le temps.
    De quoi a-t-on besoin ? **Des langues**. On **en** a besoin.

    Je vais **en** parler à mes parents ce soir !
    De quoi va-t-il parler à ses parents ? **De faire du travail bénévole**.
    Il va **en** parler à ses parents.

- Souvent, on utilise le pronom *en* pour remplacer le mot qui vient après un nombre ou une quantité.

    Combien **d'invités** avons-nous ?
    Nous **en** avons vingt.

- Si le nombre est *zéro*, on utilise le pronom *en* et un verbe au négatif.

    Combien **d'annuaires** avons-nous maintenant ?
    Nous n'**en** avons pas.

- À la forme négative, on place « n' » devant le pronom *en* et « pas » après le verbe.

    Avez-vous **des crayons feutre** ?
    Désolé, je n'**en** ai pas.

- Au passé composé, on place le pronom *en* devant le verbe auxiliaire.

    Du pain ? Oui, j'**en** ai acheté.

- Avec un verbe suivi de l'infinitif, on place le pronom *en* devant l'infinitif.

    Du pain ? Oui, je dois **en** acheter.

Des chiens ? Oui, j'**en** promène.

Au travail !

- Mme Beauséjour, qui a parlé aux élèves de l'école Val-André, a dit qu'on va probablement avoir plusieurs carrières dans la vie. Choisis cinq fiches-carrières qui représentent des carrières que tu vas essayer. Décris les aptitudes que tu as pour ces carrières. Mentionne aussi la préparation nécessaire pour chaque carrière. Finalement, décris pourquoi tu décides d'abandonner ces carrières.

- Utilise le pronom *en* dans tes descriptions.

Leçon 9
Hélène parle de sa carrière

En route !

- Quel travail fait la femme dans la photo ?
- À ton avis, quels sont les avantages de cette carrière ? Quels sont les désavantages ?
- As-tu du talent pour les arts plastiques ? Qu'est-ce que tu aimes faire ?

Hélène est artiste. Elle fait des illustrations pour un magazine.

- Écoute Hélène parler de sa carrière.

Leçon 10

L'histoire d'un acteur

En route !

- À ton avis, est-il facile ou difficile de gagner sa vie comme acteur ?
- Où est-ce que les acteurs peuvent trouver du travail ?
- Nomme des acteurs et des actrices que tu admires.

1. Quand je suis arrivé à l'université, j'ai décidé de suivre des cours de théâtre. J'ai aussi étudié les sciences.

2. Je suis entré dans la salle sans beaucoup d'expérience.

3. La première fois que la professeure m'a demandé de jouer un rôle devant la classe, je suis presque mort de peur !

4. Je suis tombé devant tout le monde ! Quel embarras !

❺ Mais, quatre ans plus tard…

❻ … je suis parti de l'université avec mon diplôme et de l'expérience.

❼ Pendant ces quatre années, j'ai joué des rôles dans plusieurs productions. Des petits rôles, des grands rôles… de l'expérience, quoi !

❽ Je suis allé directement passer une audition au Théâtre de la Ville. On m'a donné un contrat !

⑨ ⑩

Le grand jour est enfin venu ! Mes débuts comme acteur PROFESSIONNEL ! Seulement trois phrases à dire, mais c'est un commencement !

Première représentation. Je suis sorti sur la scène. J'ai regardé le public. J'ai ouvert la bouche. Pas un mot n'est sorti de ma bouche !

⑪

Je suis descendu de la scène et je suis sorti du théâtre. Ma carrière comme acteur professionnel a commencé et a fini le même jour !

⑫

Et voilà pourquoi je suis venu parler à une conseillère.

Étude de la langue

Leçon 11

Le passé composé avec *avoir*

- La plupart des verbes en français forment le passé composé avec le verbe auxiliaire *avoir* et le participe passé.
- Le participe passé des verbes en *-er* se termine en *-é*.
- Le participe passé des verbes en *-ir* se termine en *-i*.
- Le participe passé des verbes en *-re* se termine en *-u*.

Ma carrière comme acteur professionnel **a commencé** et **a fini** le même jour !
J'**ai vendu** mon premier dessin à un magazine populaire.

ATTENTION ! Les verbes suivants ne suivent pas la règle pour la formation du participe passé.

verbe	participe passé	
avoir	eu	Le jeune homme **a eu** un accident en classe.
être	été	Il **a été** un grand succès à l'université.
dire	dit	Il **a dit** bonjour aux autres acteurs.
faire	fait	Qu'a-t-il **fait** devant tout le monde ?
ouvrir	ouvert	J'**ai ouvert** la bouche.
prendre	pris	J'**ai pris** l'autobus pour aller au théâtre.
recevoir	reçu	Il **a reçu** un grand rôle.

Le passé composé avec être

- Certains verbes forment le passé composé avec le verbe auxiliaire *être*.

    Quand je **suis arrivé** à l'université, j'ai décidé de suivre des cours de théâtre.
    Je **suis entré** dans la salle sans beaucoup d'expérience.
    Je **suis tombé** devant tout le monde.

- Les verbes qui, le plus fréquemment, forment le passé composé avec *être* sont *aller*, *venir*, *arriver*, *partir*, *entrer*, *sortir*, *monter*, *descendre*, *rester*, *rentrer* et *tomber*.

- Les verbes qui forment le passé composé avec *être* suivent la règle pour la formation du participe passé, avec l'exception du verbe *venir*.

    Et voilà pourquoi je **suis venu** parler à une conseillère.

- Le participe passé doit s'accorder comme un adjectif avec le sujet de la phrase.

    Le jeune acteur est **allé** à l'université.
    Hélène l'artiste est **allée** à l'université.
    Je suis **parti** avec un diplôme, a dit l'acteur.
    Moi aussi, je suis **partie** avec un diplôme, a dit Hélène.

Les formes au singulier			Les formes au pluriel		
je	suis	allé (allée)	nous	sommes	allés (allées)
tu	es	allé (allée)	vous	êtes	allé, allée, allés, allées*
il	est	allé	ils	sont	allés
elle	est	allée	elles	sont	allées
on	est	allé			

*ATTENTION ! Le pronom « vous » peut être masculin ou féminin, singulier ou pluriel.

Vous êtes **allé** au cinéma, monsieur ?
Vous êtes **allée** au cinéma, madame ?
Vous êtes **allés** au cinéma, les gars ?
Vous êtes **allées** au cinéma, les filles ?

- Pour la forme négative, on met l'auxiliaire entre *ne* et *pas*.

    Je **ne** suis **pas** tombée en classe, a dit Hélène.

Au travail !

Pense aux expériences de l'artiste Hélène et du jeune acteur. Tous les deux pensent à changer de carrière, mais pour des raisons différentes.

- Choisis une fiche-carrière et lis les informations.

- Imagine l'histoire de quelqu'un qui a fait les préparatifs nécessaires pour entrer dans cette carrière mais qui maintenant cherche à changer de carrière.

- Utilise le passé composé avec *être* dans ton histoire.

Leçon 12

Notre entrevue

Lis le rapport suivant.

Informations personnelles

Nom : Jacques Dumont

Carrière : sous-chef

Préparation : J'ai reçu mon diplôme du secondaire, puis je suis allé au collège communautaire. J'ai gagné mon certificat de qualification de cuisinier. J'ai travaillé dans au moins quinze restaurants comme cuisinier avant de trouver un poste de sous-chef.

Histoire du travail : J'ai travaillé dans beaucoup de restaurants... des petits et des grands. Du travail... j'en ai trouvé dans cinq provinces ! Heureusement, j'ai étudié le français à l'école et au collège. À cause de mon français, j'ai travaillé au Québec et en Acadie. J'ai progressé lentement, mais enfin, j'ai progressé à la position de sous-chef au restaurant Chez Maurice. C'est un assez grand restaurant, et je dois superviser le travail des chefs et des cuisiniers. Je prépare les menus pour le repas de midi.

Raison pour changer de carrière : Je n'ai pas assez d'argent pour ouvrir mon propre restaurant. Ça coûte très cher ! Je change constamment de restaurant, et je n'aime pas ça. Je cherche un peu de stabilité. Je suis toujours stressé à cause de l'attitude de monsieur Maurice, le premier chef. Il n'est pas gentil avec ses employés. Les heures sont très longues aussi. Je travaille à midi et aussi le soir. Des fins de semaine ? Je n'en ai pas ! Je suis toujours au restaurant.

Direction : Je trouve les jeux vidéo intéressants. J'ai des idées pour en créer. J'ai beaucoup d'imagination. L'année dernière je suis sorti avec une femme qui travaille dans ce domaine. J'ai visité son studio fréquemment. Je suis sûr que je peux créer des jeux.

■ Écoute Sylvie et Pierre faire leur entrevue.

La tâche finale

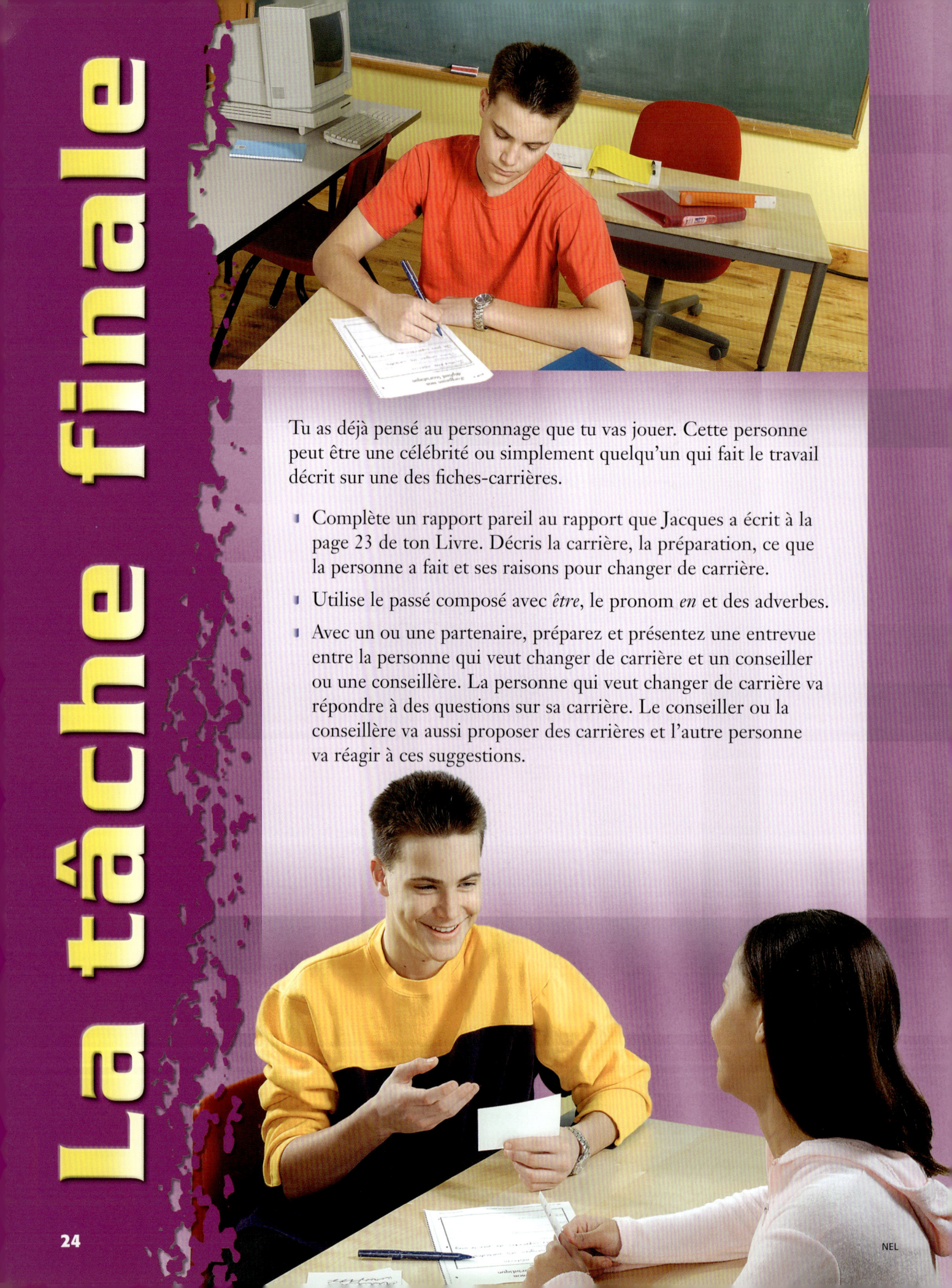

Tu as déjà pensé au personnage que tu vas jouer. Cette personne peut être une célébrité ou simplement quelqu'un qui fait le travail décrit sur une des fiches-carrières.

- Complète un rapport pareil au rapport que Jacques a écrit à la page 23 de ton Livre. Décris la carrière, la préparation, ce que la personne a fait et ses raisons pour changer de carrière.

- Utilise le passé composé avec *être*, le pronom *en* et des adverbes.

- Avec un ou une partenaire, préparez et présentez une entrevue entre la personne qui veut changer de carrière et un conseiller ou une conseillère. La personne qui veut changer de carrière va répondre à des questions sur sa carrière. Le conseiller ou la conseillère va aussi proposer des carrières et l'autre personne va réagir à ces suggestions.

Étude de la langue

Les adverbes formés à partir des adjectifs

- Un adverbe modifie ou précise le sens d'un verbe ou d'une phrase.

    Typiquement, on demande un diplôme d'études secondaires.

    J'apprends et je comprends **rapidement**.

- L'adverbe *typiquement* modifie la phrase entière ; l'adverbe *rapidement* modifie les verbes *apprends* et *comprends*.

- D'habitude, on utilise un adverbe pour décrire *la manière* de faire quelque chose.

    Je peux exprimer **clairement** et **facilement** des idées ou de l'information.

    <u>Comment</u> est-ce que je peux exprimer des idées ou de l'information ? **Clairement** et **facilement**.

- Les adverbes ont seulement une forme.
- Règle générale, pour former un adverbe, normalement on ajoute *-ment* au féminin de l'adjectif.

    J'exprime **clairement** des idées ou de l'information.

Adjectif masculin	Adjectif féminin	Adverbe
heureux	heureuse	heureusement
facile	facile	facilement
clair	claire	clairement

- Si l'adjectif se termine par une **voyelle**, on ajoute *-ment* à la forme **masculine**.

    Vraiment, je trouve cette carrière intéressante.

    Oui, je suis **absolument** certain de cela.

- Il y a une exception importante quand les adjectifs se terminent en *-ant* ou en *-ent*. Pour former l'adverbe, on remplace ces lettres par *-amment* ou *-emment*.

    On ouvre de nouveaux restaurants **constamment**. (adjectif : **constant**)

    Fréquemment, un chef ouvre son propre restaurant. (adjectif : **fréquent**)

- L'adverbe associé à l'adjectif *bon* est *bien*.

    Je réussis **bien** à l'école.

Les verbes suivis d'un infinitif

- Certains verbes sont souvent suivis d'un infinitif. Le premier verbe s'accorde avec le sujet. Le deuxième verbe est à l'infinitif.
- À la forme négative, on place « ne » et « pas » autour du premier verbe.

Ces verbes peuvent indiquer :
- une **préférence** : J'**aime parler** aux autres personnes.
- une **nécessité** : Les physiothérapeutes **doivent avoir** un diplôme universitaire.
- une **capacité** : Je **peux utiliser** le clavier d'un ordinateur.
- un **désir** ou une **intention** : Il ne **veut** pas **continuer** à faire de la musique.

Le passé composé avec *avoir*

- La plupart des verbes en français forment le passé composé avec le verbe auxiliaire *avoir* et le participe passé.
- Le participe passé des verbes en *-er* se termine en *-é*.
- Le participe passé des verbes en *-ir* se termine en *-i*.
- Le participe passé des verbes en *-re* se termine en *-u*.

Ma carrière comme acteur professionnel **a commencé** et **a fini** le même jour ! J'**ai vendu** mon premier dessin à un magazine populaire.

ATTENTION ! Les verbes suivants ne suivent pas la règle pour la formation du participe passé.

verbe ▼	participe passé ▼	
avoir	eu	Le jeune homme **a eu** un accident en classe.
être	été	Il **a été** un grand succès à l'université.
dire	dit	Il **a dit** bonjour aux autres acteurs.
faire	fait	Qu'a-t-il **fait** devant tout le monde ?
ouvrir	ouvert	J'**ai ouvert** la bouche.
prendre	pris	J'**ai pris** l'autobus pour aller au théâtre.
recevoir	reçu	Il **a reçu** un grand rôle.

Le passé composé avec être

- Certains verbes forment le passé composé avec le verbe auxiliaire *être*.

    Quand je **suis arrivé** à l'université, j'ai décidé de suivre des cours de théâtre.
    Je **suis entré** dans la salle sans beaucoup d'expérience.
    Je **suis tombé** devant tout le monde.

- Les verbes qui, le plus fréquemment, forment le passé composé avec *être* sont *aller*, *venir*, *arriver*, *partir*, *entrer*, *sortir*, *monter*, *descendre*, *rester*, *rentrer* et *tomber*.

- Les verbes qui forment le passé composé avec *être* suivent la règle pour la formation du participe passé, avec l'exception du verbe *venir*.

    Et voilà pourquoi je *suis venu* parler à une conseillère.

- Le participe passé doit s'accorder comme un adjectif avec le sujet de la phrase.

    Le jeune acteur est **allé** à l'université.
    Hélène l'artiste est **allée** à l'université.
    Je suis **parti** avec un diplôme, a dit l'acteur.
    Moi aussi, je suis **partie** avec un diplôme, a dit Hélène.

Les formes au singulier			Les formes au pluriel		
je	suis	allé (allée)	nous	sommes	allés (allées)
tu	es	allé (allée)	vous	êtes	allé, allée, allés, allées*
il	est	allé	ils	sont	allés
elle	est	allée	elles	sont	allées
on	est	allé			

***ATTENTION !** Le pronom « vous » peut être masculin ou féminin, singulier ou pluriel.

   Vous êtes **allé** au cinéma, monsieur ?
   Vous êtes **allée** au cinéma, madame ?
   Vous êtes **allés** au cinéma, les gars ?
   Vous êtes **allées** au cinéma, les filles ?

- Pour la forme négative, on met l'auxiliaire entre *ne* et *pas*.

    Je **ne** suis **pas** tombée en classe, a dit Hélène.

Stratégies

1. Quand tu écoutes un enregistrement

Avant l'écoute
- Analyse les indices dans ton Livre.
- Pense à tes expériences personnelles sur le sujet.
- Prédis les idées de l'enregistrement.
- Imagine les personnages.

Pendant l'écoute
- Écoute d'abord pour comprendre les idées générales.
- Remarque l'intonation des personnages.
- Essaie de reconnaître les mots connus et les mots amis.
- Concentre ton attention sur tes prédictions.
- Écoute en plusieurs parties pour comprendre les détails.

Après l'écoute
- Quelles stratégies as-tu utilisées pour t'aider à comprendre ?
- La prochaine fois, quelles stratégies vas-tu utiliser ?

2. Quand tu lis un texte

Avant de lire
- Essaie de comprendre le titre et les sous-titres.
- Regarde attentivement les illustrations.
- Pense à tes expériences personnelles sur le sujet.
- Prédis les idées du texte.

Pendant la lecture
- Lis une première fois pour comprendre les idées générales.
- Concentre ton attention sur tes prédictions.
- Cherche les mots connus et les mots amis.
- Utilise le Lexique ou un dictionnaire.
- Lis le texte plusieurs fois pour comprendre les détails.

Après la lecture
- Qu'est-ce qui t'a aidé(e) à comprendre le texte ?
- La prochaine fois, quelles stratégies vas-tu utiliser ?

3. Quand tu écris un texte

Avant d'écrire
- Rassemble tes idées sur le sujet.
- Analyse un modèle.
- Prépare un plan de tes idées.

Pendant que tu écris
- Rédige d'abord un brouillon.
- Fais relire ton texte par un(e) camarade.
- Modifie ton plan, si nécessaire.
- Ajoute de nouvelles idées.
- Prépare la version finale : consulte les tableaux de grammaire ; vérifie l'orthographe dans le Lexique ou un dictionnaire.

Après l'écriture
- Compare ton texte à ceux des autres élèves.
- Qu'est-ce que tu vas faire la prochaine fois ?

4. Quand tu fais une présentation orale

Avant la présentation
- Note tes idées sur le sujet.
- Fais un plan de ta présentation.
- Trouve des aides visuelles et sonores.
- Prépare des cartes aide-mémoire.
- Prépare des graphiques.

Pendant la présentation
- Regarde tous les spectateurs.
- Parle clairement et lentement.
- Mets de l'expression dans ta voix.
- Souris, fais des gestes.
- Utilise des aides visuelles et sonores.

Après la présentation
- Écoute les commentaires de la classe.
- La prochaine fois, qu'est-ce que tu vas changer dans ta présentation ?

5. Quand tu participes à une activité de groupe

Pendant l'activité
- Écoute les directives de ton professeur.
- Participe activement à l'activité.
- Parle français.
- Parle à voix basse.
- Encourage tes camarades.
- Concentre ton attention sur la tâche.
- Termine ton travail sans retard.

Après l'activité
- Qu'est-ce que tu as fait pour aider ton groupe ?

Lexique

n.m. nom masculin	*adv.* adverbe
n.f. nom féminin	*prép.* préposition
pl. pluriel	*v.* verbe
adj. adjectif	*p.p.* participe passé
	expr. expression

A

abandonner *v.* to abandon, quit
absolument *adv.* absolutely
s' **accorder** *v.* to agree
s' **adapter** *v.* to adapt
ajouter *v.* to add
des **aliments** *n.m.pl.* food
un **an** *n.m.* year (calendar year)
une **année** *n.f.* year (period of time)
un **annuaire** *n.m.* yearbook
apprendre *v.* to learn
les **arts plastiques** *n.m.* visual arts
une **assemblée générale** *n.f.* assembly
assister (à) *v.* to attend
autour de *prép.* around
avancer *v.* to advance
l' **avenir** *n.m.* future
un **avis** *n.m.* opinion

B

les **beaux-arts** *n.m.pl.* fine arts
bénévole *adj.* volunteer
besoin : avoir besoin de *expr.* to need
une **bouche** *n.f.* mouth
brièvement *adv.* briefly

C

un **cabinet** *n.m.* office (doctor or lawyer)
une **campagne de publicité** *n.f.* advertising campaign
une **capacité** *n.f.* capability
une **carrière** *n.f.* career
un **changement** *n.m.* change
chaque *adj.* each
un, une **chef** *n.m., f.* leader
un, une **chef de cuisine** *n.m., f.* head cook
clairement *adv.* clearly
un **clavier** *n.m.* keyboard
une **clé** *n.f.* key
un, une **client, cliente** *n.m., f.* customer
commander *v.* to order
le **commerce** *n.m.* business
communautaire *adj.* community
communiquer *v.* to communicate
comprendre *v.* to understand
connaître *v.* to know (someone)
un, une **conseiller, conseillère** *n.m., f.* counsellor (advisor)
constamment *adv.* constantly
content, contente *adj.* happy
un **contrat** *n.m.* contract
un **cours** *n.m.* course (of study); class
un **coût** *n.m.* cost
un **crayon feutre** *n.m.* felt pen
un, une **cuisinier, cuisinière** *n.m., f.* cook

D

d'après *prép.* according to
décrire *v.* to describe

définitif, définitive *adj.* final
déjà *adv.* already
démonter *v.* to take apart
descendre *v.* to go down, get down
un **dessin** *n.m.* drawing
devant *prép.* in front of
devenir *v.* to become
d'habitude *expr.* usually
un **diplôme** *n.m.* diploma
une **directive** *n.f.* direction, instruction
distribuer *v.* to distribute

E

échanger *v.* to exchange
éduquer *v.* to educate
un **embarras** *n.m.* embarrassment
un **emploi** *n.m.* employment, job
enfin *adv.* finally
enseigner *v.* to teach
entier, entière *adj.* complete, entire
entre *prép.* between
une **entreprise** *n.f.* business
une **entrevue** *n.f.* interview
une **équipe** *n.f.* team
un **espace** *n.m.* space
estimer *v.* to estimate
une **étude de cas** *n.f.* case study
évaluer *v.* to evaluate
une **exposition** *n.f.* exhibit
exprimer *v.* to express

F - G - H - I - J

facilement *adv.* easily
une **fiche** *n.f.* card
une **fin de semaine** *n.f.* weekend
une **fois** *n.f.* time
fort, forte *adj.* strong
fréquemment *adv.* frequently

gagner *v.* to earn
guider *v.* to guide, lead
une **habitude** *n.f.* habit
une **image** *n.f.* picture
incorporer *v.* to incorporate
un, une **invité, invitée** *n.m., f.* guest
une **Journée Carrière** *n.f.* Career Day
jusqu'à *prép.* up to

L

laver *v.* to wash
se **lever** *v.* to stand up
logiquement *adv.* logically
lourd, lourde *adj.* heavy

M

une **manière** *n.f.* way
manipuler *v.* to handle, manipulate
marcher *v.* to walk
un **médecin** *n.m.* doctor
même *adj.* same
modifier *v.* to describe, modify
mort : je suis mort *expr.* I died

N - O

la **nourriture** *n.f.* food
une **occasion** *n.f.* chance, opportunity
offrir *v.* to offer
un **organisme** *n.m.* organization
un **ordinateur** *n.m.* computer
ouvrir (*p.p.* ouvert) *v.* to open

P - Q

passer (un test, une audition) *v.* to take a test, to audition
passer (du temps) *v.* to spend time
pendant *prép.* during
une **perspective** *n.f.* a prospect
la **peur** *n.f.* fear
un, une **physiothérapeute** *n.m., f.* physiotherapist

un	**pied** *n.m.* foot; **sur leurs pieds** *expr.* standing	
	planifier *v.* to plan	
	plusieurs *adj.* several	
un	**point fort** *n.m.* strength	
un	**porte-parole** *n.m.* spokesperson	
	pour *prép.* for	
	pratique *adj.* practical	
	préciser *v.* to clarify	
	premier, première *adj.* first	
	presque *adv.* almost	
	privé, privée *adj.* private	
des	**progrès** *n.m.pl.* progress	
	promener *v.* to walk	
	propre *adj.* own	
le	**public** *n.m.* audience	
une	**quantité** *n.f.* amount	

R

une	**raison** *n.f.* reason
un	**rapport** *n.m.* report
	recevoir (*p.p.* **reçu**) *v.* to get, receive
	rechercher *v.* to look for
	recruter *v.* to recruit
une	**règle** *n.f.* rule
	régler *v.* to put in order
	relativement *adv.* relating to
	remarquer *v.* to point out
	remonter *v.* to put together
	réparer *v.* to fix, repair
une	**répartition** *n.f.* division
un	**repas** *n.m.* meal
	résoudre *v.* to solve
	retourner *v.* to go back
	réussir *v.* to succeed

S

un	**salaire** *n.m.* salary
	sans *prép.* without
une	**scène** *n.f.* stage
le	**sens** *v.* meaning, sense
	seul, seule *adj.* alone
	seulement *adv.* only
	soigneusement *adv.* carefully
	sortir *v.* to go out
	sous *prép.* under
	souvent *adv.* often
un	**spectacle** *n.m.* show
un	**stage** *n.m.* training period
un	**succès** *n.m.* success
	suivre *v.* to follow, take (a course)
un	**sujet** *n.m.* subject; **au sujet de** *expr.* about
	surveiller *v.* to oversee

T

	temps : à temps partiel *expr.* part time
se	**terminer** *v.* to end
	tomber *v.* to fall
	transmettre (*p.p.* **transmis**) *v.* to pass on
un	**travail** *n.m.* job, work
	typiquement *adv.* typically

U - V

	universitaire *adj.* from a university
	utiliser *v.* to use
	vendre *v.* to sell
	venir (*p.p.* **venu**) *v.* to come
	vieux, vieille *adj.* old
une	**vingtaine** *n.f.* approximately twenty
une	**voyelle** *v.* vowel
	vraiment *adv.* really, truly

COPYRIGHT©2004 by Gage Learning, a division of Thomson Canada Limited
1120 Birchmount Road
Toronto ON M1K 5G4

For more information contact Nelson,
1120 Birchmount Road, Toronto, Ontario, M1K 5G4.
Or, you can visit our internet site at http://www.nelson.com

Tous droits réservés. Aucune partie de cet ouvrage ne peut être reproduite, mise en mémoire dans un système de recherche automatique, ni diffusée, sous quelque forme ou procédé que ce soit, sans l'autorisation écrite de l'Éditeur ou sans une licence de la Canadian Copyright Licensing Agency (Access Copyright). Pour obtenir une licence Access Copyright, visiter le site Web www.accesscopyright.ca ou téléphoner au numéro sans frais 1-800-893-5777.

National Library of Canada Cataloguing in Publication
Coulbeck, Art
　　Ado carrières / Art Coulbeck.

(Tout ados. Niveau 2)
ISBN 0-7715-3867-7

　　1. French language—Textbooks for second language learners—English speakers. 2. Vocational guidance—Juvenile literature. I. Title. II. Series.

PC2129.E5C65825 2004　　448.2'421　　C2004-900633-9

Le contenu de tous les sites Web auxquels l'adresse www.gagelearning.com donne accès a été soigneusement vérifié. Ces sites et tous autres liens proposés doivent toutefois faire l'objet d'un examen périodique avant d'en transmettre l'adresse aux élèves. Comme les adresses de sites Web changent constamment, il est recommandé que les enseignants utilisent un moteur de recherche pour repérer l'adresse d'un site afin d'en vérifier le contenu.

L'Éditeur a tenté de retracer les propriétaires des droits de tout le matériel dont il s'est servi. Il acceptera avec plaisir toute information qui lui permettra de corriger les erreurs de référence ou d'attribution.

Chef de produit, FLS : Jodi Ravn
Équipe d'édition : Art Coulbeck, Laura Jones, Carolyn Pisani
Révision linguistique : Louise Laberge-Coleman
Production : Bev Crann

Remerciements
Joanne Guindon
Marina Mascherin
Ghada Sadaka
Sandra Smith
Aamer Zuberi

Direction artistique, conception graphique :
Pronk&Associates
Couverture : (haut à gauche) Ziggy Kaluzny/Getty Images ; (haut centre) Digital Vision/Artbase Inc. ; (haut à droite) Terry McKormick/ Getty Images ; (bas à gauche) Pat LaCroix/Getty Images ; (bas à droite) Gaetano/Corbis/Magma.
Quatrième de couverture: Terry McKormick/ Getty Images
Illustrations : p. 12, 13, 19 Paul McClusker ; p. 16 Marion Stuck ; p. 13 Leif Peng
Photographies: p. 4, 5, 8, 9, 10, 11, 15, 23, 24 Ray Boudreau ; p.s 2 (haut à gauche) Photodisc ; p. 2 (haut à droite) © Royalty-Free/CORBIS/Magmaphoto.com ; p. 2 (centre) © Linda McConnell/Rocky Mountain News/Corbis/Magmaphoto.com ; (bas à gauche) © Royalty Free/CORBIS/Magmaphoto.com ; (bas à droite) Photodisc ; p. 3 (haut) Photodisc ; (centre) Photodisc ; (bas) Charlie Borland/Index Stock Imagery ; p. 6 Photodisc ; p. 7 Photodisc ; p. 14 Photodisc ; p. 17 Lonnie Duka/Index Stock Imagery

Production sonore : Hara Productions

ISBN 0-7715-**3867-7**
2 3 4 5 MP 08 07 06 05 04
Écrit, imprimé et relié au Canada

Visit Nelson online at: **www.nelson.com**

For your learning solutions: **www.thomsonlearning.com**